단 한 번 사랑으로도

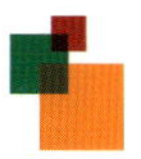

단 한 번 사랑으로도

1판 1쇄 : 인쇄 2013년 4월 02일
1판 1쇄 : 발행 2013년 4월 05일

지은이 : 이호근
펴낸이 : 서동영
펴낸곳 : 서영출판사

출판등록 : 2010년 11월 26일(제25100-2010-000011호)
주소 : 인천광역시 계양구 효성동 200-1 현대 404-103
전화 : 02-338-0117 팩스 : 02-338-7161
이메일 : sdy5608@hanmail.net

그　림 : 이호근, 박덕은, 조재환, 오동섭
디자인 : 이원경

ISBN 978-89-97180-28-8 04810
ISBN 978-89-97180-00-4(set)

단 한 번 사랑으로도

2013 · 서영

이호근 시인의 시집 출간을 축하하며

세상에서 가장 기쁜 일이 있다면, 그건 창조적 삶 속에서 건져 낸 창조품을 대할 때일 것이다. 이호근 시인의 시집이 나온다는 소식은 우리에게는 곧 기쁨이요, 행복이다.

이호근 시인은 중고교 교사로서의 알뜰한 인생을 살아오다 정년퇴직하고 지금은 서예, 그림, 시 창작, 농사일 등으로 아름다운 여생을 꾸려 가고 있는 분이다. 그는 우리들이 대화를 나누며 함께하고픈 문우들 중 한 분이다.

나와 공동으로 〈이솝우화〉를 집필한 바 있는 여류시인이 하루는 이런 말을 한 적이 있다.

"이 세상에서 남자 한 분을 골라 해외여행 몇 달을 떠난다면, 나는 주저하지 않고 이호근 시인을 택하겠다."

이 말이 오래도록 나의 마음에 자리잡고 앉아 웅얼이고 있다. 도대체 이호근 시인에게는 어떤 매력이 있기에 모든 사람들이 이처럼 좋아하는 걸까. 그리고 소롯이 마음문을 열고 그와 진솔한 대화를 나누고 싶어하는 걸까.

그뿐인가, 이호근 시인의 제자들 중 몇 팀이 연례행사처럼 한자리에 모여 스승을 모시고 식사를 하며 정담을 나누는 걸 보면, 부럽다 못해 질투가 날 정도이다.

종달새처럼 들뜬 마음을 가라앉히고, 이제 이호근 시인에 대해 하나하나 정리해 보자.

우선 그는 백의민족의 전통을 이어받은 근엄한 학자로서의 자리를 굳게 지키고 있다. 말 한마디 한마디가 반듯한 선비 정신에서 나오는 듯하다. 그 지적인 인상이 깊이를 더해 주나 보다.

두 번째는 도덕군자 같은 행동가짐이다. 어떠한 자리에서도 그는 흐트러짐이 없다. 심지어 술자리에서도 정도와 예의를 지키고 지혜롭게 절제할 줄 안다.

세 번째는 언행의 일치다. 그는 입 밖으로 내뱉은 말은 끝까지 책임을 지고 행동으로 수행하여 완성한다. 그래서 주위의 존경을 한몸에 받고 있다.

네 번째는 성실성이다. 서예를 하든, 그림을 그리든, 시 창작을 하든, 농사를 짓든 성실하게 사계절을 보낸다. 그 변함없는 성실성 앞에 우리는 고개를 절로 숙이게 된다.

다른 하나는 꾸준히 창조적 삶을 향해 나아가는 태도와 정신이다. 그는 배우고 배우고, 또 배운다. 이제 그만하면 됐지 싶은데도, 그의 탐구 정신은 좀처럼 멈추지 않는다. 지금도 풍수지리, 사주명리학을 비롯하여 컴퓨터에 이르기까지 호기심의 촉수를 곧추세우고 줄기차게 나아가고 있다.

또한 두 아들 중 큰아들은 한의사로, 둘째아들은 게임 개발자로 모두 성공한 삶을 꾸려 가고 있으며, 그는 아름다운 저택에서 살고 있다. 영화 속에서나 나올 법한 연방죽 위 언덕에 지어진 그의 집은 초대받은 이들의 감탄을 자아내게 한다. 집 2층에서 내려다보이는 정경은 그야말로 환상적이다. 연못과 연꽃과 무등산의 조화로움이 한눈에 들어와 행복하게 해주기 때문이다. 황토방까지 마련되어 있는 멋스럽고도 고풍스러운 그런 우아한 집에 살면서, 이따금 난을 치고 국화를 치다가, 시를 짓는 그의 모습은 인간이라면 누구나 부러워할 법하다. 이만하면 그에 삶은 성공한 삶이 아니겠는가.

그러면, 그동안 한실 문예창작에서 4년간 알뜰히 일군 그의 시 세계는 어떠할까. 산책하듯 한 발 한 발 다가가 보기로 하자.

여름 내내
진한 향에 취해
하얀 그리움 보듬고 있다가

수면 위에 맴도는
말 못하는 사랑
은물결 위에 풀어놓고

추억 들어올려
아프게 박힌 티눈들
삭여내며

스며드는 외로움
가을의 치마폭으로
따사로이 감싸고 있다.

- [연방죽] 전문

역시 이호근 시인에게 없어서는 안 될 연방죽이 소재로 등장하고 있다. 연방죽은 여름 내내 진한 향에 취해 하얀 그리움을 보듬고 있다. 그러다가 수면 위에 맴돌고 있는 사랑, 아직까지 말 못하고 있는 사랑을 은물결 위에 풀어놓는다. 이번에는 추억 속에 아프게 박혀 있는 티눈들을 삭여낸다. 그리고는 스며드는 외로움을 가을 치마폭으로 따사로이 감싸 안아 버린다. 마치 이호근 시인의 내면 같다. 어쩜 이리 고울까. 이미지의 구현도 좋다. 연방죽의 정경은 이미지 위에서 아름다운 그림이 되고, 그 그림 안에 모인 의미는 시적 화자의 내면을 꽃피우고, 그 향기는 시인의 인생관을 선명히 드러내 주고 있다.

비닐하우스가
앙상한 갈비뼈만 드러내 놓고
찢겨진 누더기
바람에 날리며 엎디어 있다

"그 징한 놈이 또 온다는디
어쩌면 쓰것는가?"
"하늘이 말리는 걸 어쩌겠노.
산 입에 거미줄 칠라든가."

가슴속 생채기 한숨으로 펴내며
상처투성이 하늘을 걷어 낸 뒤
목숨줄처럼 질긴 탯줄

다시 묶는다.

- [태풍이 휩쓸고 간 자리] 전문

이 시에서는 이웃의 아픔을 공감하는 상상력을 발휘하고 있다. 이호근 시인은 행동하는 지성인으로서의 자세를 시 창작에서도 그대로 유지하고 있다. 사회의 아픔과 고통을 그냥 지나치지 않고 세심히 관찰하고 같이 아파하며 치유의 길을 찾고 있다. 그러기 위해 그 아픔과 고통에 합류하여 같이 호흡하고 같이 느끼고 같이 걱정한다. 이러한 그의 세계관이 그의 시야를 보다 넓게 펼쳐 비전의 확장을 보여 주는 건 아닐까. 그 비전의 확장이 있기에 그 어떤 고난과 역경과 질곡 속에서도 상처투성이 하늘을 걷어내고 목숨줄처럼 질긴 탯줄을 다시 묶을 수 있으리라.

선잠에 취해 있던
설렘이
출렁거리기 시작한다

덕바위는
머리 조아려
깊숙이 묵상에 잠겨 있고

지순한 사랑은
할미바위 할배바위로 남아
서로 바라만 보고 있고

저마다
골진 물결 사이로
추억의 홀씨 흩날리며
바다에 안긴다

숯불 위에선
굽히는 낭만이 빛깔 곱게 익어
건배의 손길과 어우러지고

탱탱해진 열정은
어느새 날갯짓으로 번져
감미로운 클래식 속으로 날아든다.

- [안면도] 전문

여행지에서 만난 감흥은 그의 시 속에서 단순한 서술이 아닌 이미지의 튼실한 그릇 속에 잘 담겨져 빛을 발하고 있다. 설렘은 선잠에 취해 있다가 출렁거리기 시작한다. 또 바위는 머리 조아려 깊숙이 묵상에 잠겨 있다. 그리고 지순한 사랑은 할미바위 할배바위로 남아 서로 바라보고 있고, 저마다 골진 물결 사이로 추억의 홀씨를 흩날리며 바다에 안긴다. 숯불에 굽힌 낭만은 빛깔 곱게 익어 건배의 손길과 어우러지고, 탱탱히 살이 찐 열정은 어느새 날갯짓으로 번져 감미롭게 흐르는 클래식 속으로 날아든다. 이 얼마나 감칠맛 나는 표현인가. 산문에서는 도저히 만날 수 없는 독특한 묘사의 세계를 보여 주고 있다. 추상(설렘, 묵상, 추억, 낭만,

열정)과 구상(출렁거림, 바위, 홀씨, 숯불, 굽히는, 탱탱해진, 날갯짓)의 절묘한 배치, 이미지들의 조화로움, 이 맛 때문에 독자들은 시를 찾게 되는 건 아닐까. 왜 시가 수천 년의 인류사에서 외면당하지 않고 사랑을 받아왔는가를 보여 주는 좋은 예라 여겨진다. 이렇게 깔끔하게 처리된 이미지 시를 지향하는 한 그의 시들은 독자들에게 앞으로 지속적인 사랑을 받게 되리라 믿는다.

활화산 같은 영혼이
벽면을 박차고 나올 듯한
좁은 화실

하얗게 센
머리카락이
백호를 닮아가고

등 굽은 세월 속에
붓질 소리만
사악 사악

허공 휘젓고 달려온
눈빛 떨궈도
무거운 숨결 짚어가도

시린 가슴 한구석엔
야생화 향기 한줌 움켜쥐고

채색하고 또 채색하고.

- [화가 오동섭] 전문

이호근 시인과 오동섭 화가와는 절친한 사이이다. 화가의 호랑이 그림을 세상에 널리 알리는 매니저 역할을 즐겁게 수행하고 있는 그의 다정한 마음이 이 시 속에 고스란히 실려 있다. 더불어 그가 좋아하는 시 세계, 정신세계를 보는 듯해 숙연해지게 한다. 활화산 같은 영혼, 좁은 화실로 대변되는 검소한 삶, 백호 닮은 하얀 머리카락, 등 굽은 역경 속에서도 오직 붓질 소리를 붙드는 창작 열정, 눈빛 떨구고 무거운 숨결 일어도 사그라들 줄 모르는 야생화 향기, 그 향기 한줌 움켜쥐고 창작의 길을 숙명처럼 걸어가는 예술가, 이를 존경하고 받들며, 본받고자 하는 시인의 눈길과 마음이 아름답다.

가끔
연분홍 사연
설렘으로 불러내어
흥얼대다가

창밖 솔잎에 쌓인
멀건 추억
꺼억 꺼억
게워 내며

환청 끝
아스라한 심연 위에
앙상한 허상의 슬픔 올려놓고
허우적대고 있다.

- [치매 노인] 전문

이 시를 읽으며 우리는 함께 기도하는 마음을 지니게 된다. 우리들 중 어느 누구도 피해갈 수 없는 노환, 그 앞에서 잠시 발걸음을 멈춘 채 사색의 공간으로 들어간다. 연분홍 사연이 설렘으로 초대된 곳, 솔잎에 쌓인 추억 게워 낸 곳, 이제는 환청 끝, 앙상한 허상의 슬픔 올려놓고 허우적대고 있는 곳으로 초대된 우리는 겸허의 옷을 입지 않을 수 없게 된다.

이렇듯 그의 시는 사물과 세계와 독자와 함께 호흡하며, 나아가고 있다. 함께 손잡고 함께 생각하고 함께 사색하며 함께 걱정하고 함께 치유하며 나아가고 있다. 나보다는 우리라는 울타리 속에서 함께 아픔을 딛고 일어서서 함께 행복하기를 바라는 그의 따스한 심성이 큰 그릇을 이루고 있다.

이호근 시인의 시 세계는 한마디로 따스함이요 배려이다. 여기에 그의 철학이 담겨 있는 듯하다. 자신보다는 아내를, 자신보다는 자식들을, 자신보다는 제자들을, 자신보다는 친지들을, 자신보다는 문우들을, 자신보다는 이웃을 더 걱정하고 염려하고, 배려하고, 위로해 주는 따스함이 그의 시 곳곳에 자리하고 있음을 보게 된다.

용수 마을의 촌장으로서도 주위에 끊임없는 선행을 베푸는 삶, 그런 그의 삶, 그런 그의 인생 자체가 바로 향기나 다름없다. 그 향기가 저 무등산을 넘어, 소외된 이웃들에게 날아가, 이 시집 속에 담긴 곱디고운 시심들을 한아름씩 전해 주기를 기원해 본다.

다시 한번 이호근 시인의 시집 발간을 향긋함 가득 모아 축하한다. 앞으로도 변함없이 채식으로 건강을 지켜 100세 이상 장수하여, 후배 문우들의 시심을 북돋워 주고 일깨워 주고 이끌어 주기를, 또한 부디 오래도록 문학의 탱글탱글한 꽃송이들 곁에 남아 주기를 소망한다.

– 첫눈이 와서 아름다움과 낭만의 세계로 마구 이끄는 날 아침에

한실 문예창작 지도 교수 박덕은

(문학박사, 시인, 소설가, 동화작가, 문학평론가, 사진작가, 화가)

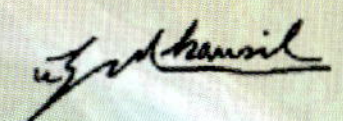

첫 시집을 펴내며

학창시절부터 시집을 사고 읽기는 좋아했지만 내가 시인이 되어야겠다는 생각은 엄두도 못 내고, 경외敬畏하는 마음만 가지고 있었습니다.

그러던 차 지금부터 만 4년 전 늦가을 한실 문예창작 문학회와 인연을 맺게 되었고 지도 교수님의 재미있는 수업과 여러 시인님들의 따스한 인간애에 푹 빠져 지금까지 시 공부를 계속하게 되었고, 덕분에 과분하게도 2009년 늘그막에 등단을 하고 시인이라는 호칭을 들으며 시심에 젖어 살고 있습니다.

변함없이 열정을 다해 지도해 주시는 한실 문예창작 지도 교수 박덕은 박사님과 사랑스런 눈길 주시는 우리 문우님들께 감히 감사와 사랑한다는 말씀 올립니다.

이렇게 문학을 공부하며 산다는 건 나에겐 더없는 행복이고, 젊어서는 생각조차 하지 못했던 꿈을 하나씩 이루어 나간다는 건 앞으로 남은 내 인생에 큰 행운이며 보람이라 믿고 있습니다. 이제는 저의 시집이 책방 진열대에 다른 시집과 나란히 꽂힌다는 것만으로도 가슴이 설레어 옵니다. 내가 쓴 시들이 독자들에게 화해와 소통, 치유의 정서로 인생을 따사롭고 여유롭게 살아가게 하는 데 일조할 수 있다면 하는 마음 간

절합니다. 앞으로 삶에 대한 진실하고 깊은 성찰과 감동을 주는 시를 쓰도록 더욱 노력하고 정진하리라 다짐해 봅니다.

본 시집은 시화집의 성격을 살리기 위하여 전부 그림으로 채웠으며, 특히 박덕은 박사님의 해박한 문학적인 소양과 천재적인 자질이 녹아 있는, 어떤 회화 기법도 기교도 닮지 않은 그림 32점, 제 네 살배기 손녀의 동심이 담긴 그림 1점, 제 문인화 스승이신 하당 조재환 님의 그림 1점, 30년 지기인 오동섭 화가의 그림 1점, 그리고 제 그림 31점을 함께 담았습니다.

이 시집이 나오기까지 협조해 주신 한실 문예창작지도 교수님과 문우님들, 문학회 활동을 물심양면으로 지원해 준 아내 나귀덕 여사와 두 아들 창규와 순규, 며느리 상미에게 감사의 마음을 바칩니다. 그리고 귀여운 손녀 정원이, 손자 도원이에게 사랑한다는 말을 전합니다.

- 2013년 눈 내리는 겨울날 먼동이 터올 때

운거 이호근

祝詩

이호근

박덕은

이상하죠
왜 님에게는
서경덕이 보이고
황진이가 보일까요

푸르른 자유가
잘 정돈된 낭만의 정원에
갇히는 기분

그 안에서
샘솟는 고요와
깨달음이
마치 녹차의 향 같네요

이상하죠
왜 님에게는
천년의 향수가 머물고
평온이 머물러 있을까요

제아무리 거친 눈보라도
얌전한 복슬 강아지처럼
순해지는 순간

그 안에서
보글거리는 행복과
감미로움이
마치 봄꽃 뜨락 같네요

이상하죠
왜 님에게는
늦가을의 우수와
높이 뜬 외로움이 느껴질까요

부귀영화도 흥청거림도
금방 부끄러워
고개 숙이고 마는 공간

그 안에서
성숙해 가는 눈빛과
은은함이
마치 천상의 노래 같네요.

祝詩

이호근

김영순

새벽 여명 닮아
정갈함 펴 놓고
명상으로 길 여는

먹 갈아 마음 닦고
붓 들어 추억을 채색하고
아름다이 시심 펼쳐
꿈빛으로 덧칠하는

옷깃 스치는 인연마다
따사로운 온기로
다독여서 용기 주는

잔잔히
고요가 녹아드는
편안함으로
지그시 눈빛 보내는

앞으로도 옆으로도
위아래 어느 곳이나
모든 생각이 반듯한

인간미 그리워
허허롭게
너털웃음 지으며
한마음으로 살아가는

겸손의 미덕으로
향을 품어내는
포근한 봄햇살 같은

연륜의 깊이만큼
다지고 다진 인품으로
늘 너른 교훈을 주는.

차 례

제2장 바람은 불고 세월은 가고

제3장 인연이 나를 품는 순간에

단 한 번 사랑으로도

제1장
애잔함을 다독거리며

박덕은 作 [산의 행복](파스텔화, 2013.1)

다독다독

거부할 수 없는
부드러움으로
다독다독

거친 엇박자에도
달관의 미소로
다독다독

너울져 밀려드는
화까지도
다독다독

방울지는 애잔함까지
쓰다듬으며
다독다독

보고픔이 허기질 땐
외사랑 마시며
다독다독

어느 가슴도 다치지 않게
고이 마주잡고
다독다독.

박덕은 作 [어머니의 장독대](파스텔화, 2012.12)

자화상

반백의 머리털에 부릅뜬 눈
이빨 무뎌진 호랑이 입을 하고
일탈이라도 허용하지 못한 영혼은
고운 빛을 바라보고 있다

새벽 그 푸른 향기
감싸 올 때면

어둠 벗고
시리디시린 마음
채색하고 또 채색하며

온기 없는 화판 위에
색 바랜 밑그림
지우고 또 지우며

마른 가슴 한구석에
붙어 있는 혹
태우고 또 태우며.

호구

어눌하지만
잘 익은 막걸리처럼
확 풀어지도록
맛나고 구수한 정으로
다독여 주고픈

머줍지만
궂은 일 마다않고
상처 아프지도 덧나지도 않게
뜨뜻한 배려로
감싸 주고픈

어설프지만
모나지도 따지지도 않고
둥그러니 하나되어
중후한 향기로
안아 주고픈

무뚝뚝하지만
하늘가에 매달린

설렘 한줌 가져와
은은한 가슴으로
사랑해 주고픈

해 밝은 뜰에
갓 터져온 잎사귀처럼
연한 그리움으로
반짝이고픈.

박덕은 作 [지구에 온 어린왕자](파스텔화, 2013.1)

애들아

- 아들과 며느리에게

이젠 몸짓 대신
영혼의 숨결로
나지막이 바래본다

높은 산 칼바람에 몸 낮추는
야생화의 속 깊은 참을성을
닮아 주길

파도 넘실댈지라도
단아하고 굳센 낭만 한 자락
펼쳐 놓길

엇갈린 손길 맞잡고
어두운 눈빛 지워 가며
덧난 상흔 치유하길

탁한 세월 걸러내어
마음 가득 맑은 향기로
채워 가길

더 넓은 세상과
더 많은 인연을
아름다이 품어 가길.

용수 마을

무등 마주보고
그 향기
그윽이 받아들이는

반촌제 수면 위에
김처럼 모락거리는 꿈
은은히 배어드는

지신 밟아 일군 터에
오순도순
복들이 머리 맞대는

세월 끝자락에 서서
알토란 같은 정 나누며
가슴앓이 치유하는

오래도록 익은
묵은지 같은 사랑으로
함께 안아 주는

열정과 지혜가
남실남실 어우러져
고이 숨쉬는.

박덕은 作 [단풍의 노래](파스텔화, 2013.2)

반촌제

초여름밤 호수에
고요가 깔리면

겹겹이 쌓인 나른함
수초 끝에 걸쳐 두고

미풍에 밀려오는 시심을 갈라
수면 위에 흩뿌린다

내동댕이쳐진 시어들은
외로움 먹고 자라

훌쩍 커 버린 달그림자
포옹하고 있다

가로등 불빛 그 하얀
시새움도 아랑곳없이.

박덕은 作 [추억의 정원](파스텔화, 2013.2)

명상 · 1

오솔길 따라 스산함이
살랑대는 새벽

아버지의 긴 한숨 고이던
주름의 언덕을 오르다가

아슴푸레한 그리움 찾아
등뒤에서 꼬옥 껴안고

끓는 열정으로 입맞춤하다가
소나기처럼 퍼부어지는
사랑 노래 부끄럼 없이 펼치다가

긴 호흡으로
투명하게 지우면

높은 하늘
한가로운 구름
유유히 흐른다.

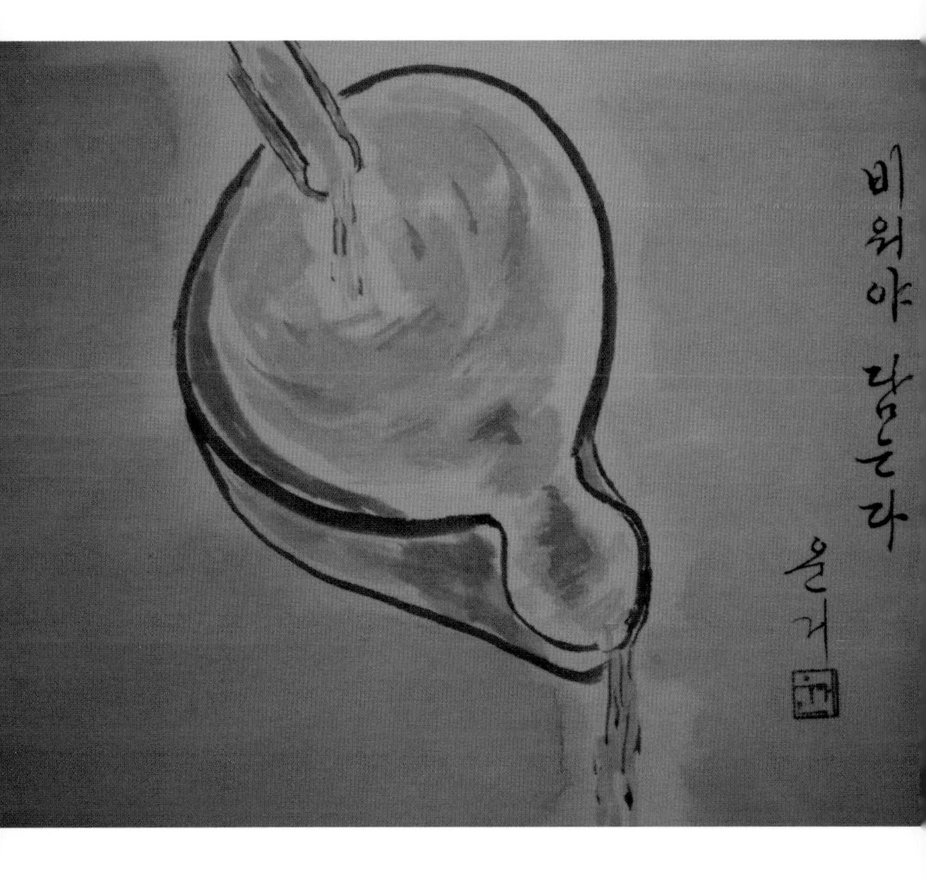
비워야 담는다
운거

명상 · 2

선잠 깬 수면 위에
설렘 흩뿌려 놓으면

저마다 깨알 같은 이야기들이
종알종알 내달린다

아련히 찾아드는
그리움을 떠나보내고

엉겨붙은 외로움까지
바람결에 날려보내고 나면

고요는 마음 하나로
편안의 구름을 붙들고 있다.

이제는 · 1

이제는
덤불처럼
엉클어진 미움들
곰삭혀 풀어 버려야 해

이제는
목줄 속에
구겨 넣은 허상들
허허롭게 뱉어 버려야 해

이제는
가슴속 응어리
산들산들 바람결에
훌훌 날려 버려야 해

이제는
이제는.

박덕은 作 [다채로운 삶처럼](파스텔화, 2013.3)

이제는 · 2

귓가에 매달리는
안쓰러운 독백
구름 위로 날려 버리고

해묵은 생채기
그 눈물 그치도록
다 거두고 싶다

퀭한 망울 빈자리에
웃음꽃 한아름
새기고 싶다

미어지는 그리움
그 떨림까지도
안아 주고 싶다.

새벽 단상 · 1

먼동에 밀려나는 밤 향기는
아직
소나무 둥치 감싸 안고 있는데

망상 한 자락
미풍에 밀려와
내 볼을 어루만지다

따라온
사랑 한 잎에
마음 설렌다.

새벽 단상 · 2

세월의 긴 터널 헤집다가
흐르지 못한 사랑
그 앞에 서면

희미하게 떠오르다가
후두둑 후두둑
굵어지는 먹먹함

스르륵 스르륵
뼛속까지
파고들 때면

스며드는 보고픔은
웅크리고 있는 가슴속으로
방울방울 빠져들고

그 애틋함 그 아련함은
봉창으로 밀려드는 먼동 따라
총총 사라져 간다.

박덕은 作 [환희의 메아리](파스텔화, 2013.1)

새벽 단상 · 3

어젯밤
탁한 기운 걸러
바람결에 날려보낸 뒤

밤새 꾸었던
하얀 바람
차향 속에 풀어놓고

오늘도
한 송이 안으로 들여와
꽃피운다

가슴에 이는
먹구름
단비로 내릴 수 있도록

시리고 아린
응어리
사르르 녹아내리도록

비틀거리는
사랑
바로 걸을 수 있도록.

괜찮아

다 잃어도

늘 엉뚱해도

잘은 못해도

아주 느려도

사랑만 있다면

괜찮아.

아리랑

수없이 많은 생채기 삭히며
숨죽이던 선하디선한 혼불들
징소리에 깨어나 한 맺힌 노래 부른다
아리 아리랑 쓰리 쓰리랑 아라리가 났네

덩실 덩실 더덩실
애수와 그리움이 어우러져 춤추며
텅텅 비어 버린 가슴을 보듬는다
아리 아리랑 쓰리 쓰리랑 아라리가 났네

애잔한 이웃들에겐
어여삐 여기는 간절한 뜻 이어
가난한 머릿속에 빛 가득 채워 준다
아리 아리랑 쓰리 쓰리랑 아라리가 났네

멸시 당하던 조그만 한반도
희망사다리 한 발 한 발 올려
온 하늘에 K-pop 퍼올린다
아리 아리랑 쓰리 쓰리랑 아라리가 났네

굶주린 오지까지도
맑은 빛방울 가득한 세상 그리며
마중물 부어 태극 마음 심는다
아리 아리랑 쓰리 쓰리랑 아라리가 났네.

박덕은 作 [모내기의 깃발](파스텔화,2012.12)

소통

깊어 가면
바람은 작아지고

오는 소릿방울은
하얀 향에 취한다

웅크린 파장에는
자연스레

날 세운 카리스마엔
부드럽게.

프리허그

껴안는다
그냥 그냥

가느다란 독백 하나까지
따스하게 덥히며

그림자처럼 따르는 그리움은
해맑게 걸러 주며

그 누구의 고독이라도
약손 같은 마음으로 다독거리며

덤덤한 평상심은
질박한 가슴 위에 올려놓고

붉게 물든 설렘으로
잔잔하게 채색하며

하얀 꽃잎 같은 흐느낌에는
위로의 댓글 달아 주며.

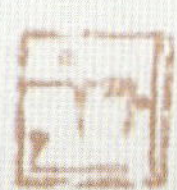

짝사랑

소르르 붉어지는 마음
눈치채지 못하게
외면할 거예요

오밤중 함박눈처럼
사뿐히 내려앉아

어떤 연민도
새어 나오지 못하도록

당신의 향기 보듬은 채
얼어 버릴 거예요

당신의 눈먼 입김이
무심코 와 닿으면

일기장에 흔적도 없이
녹아 버릴 거예요.

시 창작

구겨 넣었던 추억
하늘 가득 펼쳐 놓고

은근한 고백
하얀 마음에 그어 놓고

저릿저릿한 울림
온몸에 파고들도록

붓끝을
바로 세워

가장 화려한 무채색을
새겨넣는다.

박덕은 作 [시심의 열정](파스텔화, 2013.2)

콘서트

가느다란 설렘
바르르 떨리다가
가파르게 오르고

대롱대롱 매달려 있던 음표들이
분홍빛 흥겨움에 취해
일렁일렁 일어서고

한데 어우러져
몇 순배 함박꽃으로
흐드러지고 나면

환희의 여백이
붉고 맑은 울림으로
깊게 파고든다.

早傳春信
盛婚之慶
丁卯元朝

사랑하므로

못생긴 하소연도
헛된 배불림도
아껴야 합니다

탁한 나무람도
작은 자랑도
아껴야 합니다

수줍은 바람도
따르는 연민도
아껴야 합니다

낭만의 허풍도
더딘 마음도
아껴야 합니다.

박덕은 作 [나비 공주의 외출](파스텔화, 2013.2)

버킷 리스트

가느다랗게 고요가 흐르는 암 병실에서
서로 다른 질곡의 세월이
만나고 있다

하얗게 메아리 되어
돌아오는 갈망을
낙서 같이 나열하고 나니

가슴은
설렘으로
열리고

스멀스멀 번지는
그림자 아랑곳없이
낯선 여행을 떠난다

앙상한 시간은
수면 밑으로
잠기려 하는데

기웃거리는 회한 더듬어
덕지덕지 쌓인 딱지
어루만져 지워가며

아름다운 사랑으로
따사롭게 덮어
화해를 청하며

얽동였던 꿈 펼치고는
마지막 리스트를
지운다.

* 버킷 리스트(bucket list) : 살아있는 동안 하고 싶은 일을 적은 글.

임종 체험

감싸고 있던 추억들이
가는 눈꺼풀 위에서 아물거리고

오롯이 타오르던
작은 바람마저 희미해져 가면

접어진 그리움만
꼼실거리는데

촉기 몇 가닥 붙들고
질긴 정 끊어내며

미소 짓다가
눈물 짓다가

설익은 사랑과 인연
모두 다 거둬들인 뒤

관에서
나온다.

박덕은 作 [장미의 질투](파스텔화, 2013.2)

씨에게

깊숙한 휘몰이 장단 따라 흘러가
추적추적 내리는 봄비 선율에 더덩실
자유가 되어 하늘로 향하렴

우주 품은 빛깔 머금고
꿈 부풀리며 떠돌다가
회귀하는 연어들처럼 거슬러 가렴

모래바람 뒤덮인 그곳에서
방황하는 언어의 길잡이 되어
찌꺼기 모두 덜어내고 안착하렴

한껏 물오른 나무가 되고
아름다운 꽃이 되어
벙그러진 웃음을 보여 주렴

먼산바라기 달래 주는
멋진 노래 되어 남루한
가슴속 외로움까지 풀어 주렴

벅차게 달려온 시간에게
그늘자리 내어 주는
황량한 들판의 등대가 되어 주렴

마냥 주고서도 그 빈자리에
안쓰러움까지 품어 안는
향기가 되렴.

배려

서로에게
귀기울여
내 속의 너와
네 속의 내가
보듬어 주는

마음으로 들은
여러 목소리가
공명 이루어
은은하게 배어나는

생각에 생각을 섞어
'그런데'보다는
'그럼에도 불구하고'라고
말할 줄 아는

사랑과 존경이 녹아
물처럼 낮게
하늘처럼 넓게
영혼의 귀를 여는.

삶 · 1

까마득한 하늘가에
추억 매달고
같은 자리를 맴돈다

싱그러운 풋내
간직한 채
안개비 흩뜨리며

맞닥뜨린 회오리 눈물로
시리디시린 가슴
삭여 내리며

뙤약볕 속에서도
가물거리는 열정
마구 펴 올리며

가끔은
엇꼬인 인연
풀어 잡으며.

삶 · 2

기우뚱거리며
걷다가

닳고 닳아
둥글게 둥글게

볕 받고 받아
진하게 진하게

밀리고 밀리며
가늘게 가늘게

비우고
또 비우며

마지막 하늘
볼 때까지
숨을 고른다.

어느 날

가끔 허름한 시야로
먼 데 산을 담아 온다

쓴웃음을
지으며

한참을 더듬다 보면
양볼에는
뜨거움이 흐른다

눈물마저도
마냥 끌어안는
추억을 훑겨보며.

어찌하랴

확 트인 시야 타고 들어와
온몸 감싸 안는
이 붉디붉은 외침

그리움에
빨리 지치는
이 얄팍한 가슴

순한 추억들이 찾아와
흐르는
이 뜨거움

기다림에
초점 잃은
이 멀건 눈망울

찔끔거리며
녹아드는
이 마지막 고백.

고독

머릿속 더듬이 길게 늘어뜨린 알몸에
냉랭한 습기 엄습해 오면
주검처럼 조용한 꿈을 꾼다

짧은 추억 휘젓고
가느다란 숨 몰아쉬는 길고 긴 여정
목마른 허기에 수액 빨면서

은빛 날개 뽐낼
그날을 그리며
스르륵 허물을 벗는다

소리도 없이 슬그머니
터져 나오는 그리움 물집을
만지작거리며

절규의 노래에
그 누구도 주목하지 않는
눈길을 던지며

가장 느린 음률이
단숨에 절정의 찰나까지
치열하게 내닫을 때까지

멍하게 멈춰 버린
추억으로
온몸 적시고 있다.

박덕은 作 [그리움의 강가](파스텔화, 2013.2)

시골장

딱히 살 게 없어도
여기저기 기웃거리며
눈인사한다

시래기국밥에 동동 떠 노는
파 조각 위로
정겨움이 아슴아슴 다가오고

아낙들의 너스레가
익어갈 때쯤

"싸구려! 떨이요, 떨이!"
장꾼들 외침에 활기는 더해 간다

단골손님 멈추게 하는 한마디
"그냥 갈라꼬?"

들려진 장바구니에서
행복이 올려다본다

약주 몇 잔에 붉어진 느긋함은
물건이야 팔리든 말든
지르박 흥겨운 몸놀림에
장바닥은 빙글빙글 돌고

거나해진 촌로의
흥얼거리는 팔자걸음에
세월의 무상함이 풍긴다.

박덕은 作 [할머니의 향기](파스텔화, 2012.12)

솟대

소나기에 씻긴
그리움 한 조각

싱그러움 위에
수줍어
맨 얼굴 붉히고

가슴속 아쉬움처럼
그리도 빨간 비명 토해내며
울부짖는데

느린 길 떠나와
어둠을 헤매고 있는
흐미한 꿈

오늘도
하얀 의연함으로
기도하고 있다.

박덕은 作 [단풍의 의미](파스텔화, 2013.2)

악담 · 1

한가로운 뜨락에
홀연히 날아든
비수

걸어 잠근
빗장 아래서
어르고 얼러 보지만

화사함은
냉기로 말라가고

마음에 치솟는 바람은
빗줄기 타고 내려와
다시 두들긴다.

악담 · 2

심연에서 끓어올라
바람결에 풀어지는

공기방울같이 잊혀져 가는
멍한 기억 한 오라기

차가운 목줄 넘기며
탁한 울음으로 토해내자

물여울처럼 퍼져 나가
부메랑 되어 돌아온다.

재회

설렘 부추기는
그리움

주름골에 깊게 묻혀
반백으로 돋아나

산바람의
맑은 음색에
더욱 영글어간다.

탐심貪心

퍼내고 퍼내도
비우고 비워도
풍선처럼 부푼다

엎드려 절하고
달래고 달래면

뜨거운
강물 되지만

어느
한순간

불청객 되어
다시
부풀어 온다.

투병

방울방울 떨어지는 링거액은
소리 없는 울음 되어
안타까움으로 흐르고

지난 세월들이
별빛으로 다가와 위로하며
잔잔히 미소 짓지만

목까지 차오르는
가느다란 호흡은
영혼을 어둠으로 내몰고 있다.

박덕은 作 [위로의 꽃화분](파스텔화, 2013.1)

한가위

새끼 보고파
글썽이는 서운함
구름 위에 띄우고
모인 살붙이라도
얼씨구 어얼씨구

가늘어져 가는
아비어미 탯줄
여윈 손으로 붙잡고
안고 안기며
절씨구 저절씨구

처진 어깨 감싸 안고
덧난 상처 어루만지며
둥글게 둥굴게
마음 하냥 키우며
얼씨구 어절씨구.

박덕은 作 [강강수월래](파스텔화, 2013.1)

화해

시디신 미움
달래 보내고

환한 향기
한 자락 펴놓고

말갛게 내민
서툰 손.

회상回想

까만 못 속에
머물던 그리움이
하나둘 떠올라

머나먼 곳에서
바람 타고 와
두드리다

해오름에
실루엣으로
속삭인다

화선지에
미완성인 채로.

헛꿈만

곱고 따스한
가슴
밀어낸 채

오래도록 익어 온
인연
무시한 채

귀하디귀한
말
흘려 버린 채

희망 봉우리
바로
옆에 둔 채.

유산

오늘
문득 떠난다 해도
아쉬움 없어야 해

가슴에
회색빛 우울증
스며들지 못하도록

다시는
초롱한 눈망울에서
슬픔이 터져 나오지 않도록

오래도록 품에 앉아
따스해진 언어들로
냉한 마음 풀어 주며

아름다운 행복으로 채운
하얀 구름 한 조각
남기도록.

제2장
바람은 불고 세월은 가고

박덕은 作 [환희의 바닷가](파스텔화, 2012.12)

백두산 천지

대륙을 호령하던
함성들이
쌓이고 쌓여
저리도
장엄한가

수없이 많은
한이
서리고 서려
저리도
새파란가

청산리
붉은 눈빛들이
방울져 떠올라
저리도
영롱한가

밀려오는
무상함

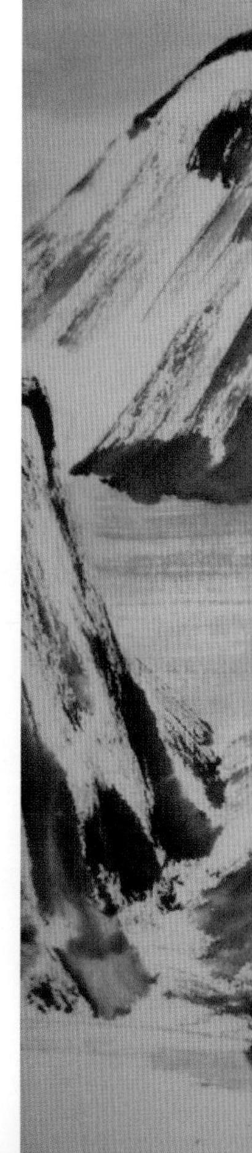

암벽에 새기어
저리도
묵묵한가

보듬어 안은
질곡의
품이라서
저리도
먹먹한가

반쪽 가슴에
피어나는
아름다움이라서
저리도
애틋한가.

장구목 단상

계곡 깊숙이 잠든 향수는
뾰송한 미소처럼
부드럽게 새근거리고

손타지 않은 세월은
징검다리 건너던 낭만들을
한데 불러모으고

살랑거리는 망초는
흐르는 실바람에
수줍은 연정 흩날리고

요강바위 속에는
솜털 같은 인연들이
끊임없이 소곤대고

묵정밭의 추억은
한가로움을
꾸러미로 꿰어내고

아득히 흐르는 그리움은
애틋함에 씻기어
더욱 싱그러워지고 있다.

박덕은 作 [낭만 공화국](파스텔화, 2013.2)

태로각 협곡

안개비는
대리석 절벽 타고 흘러
검푸른 떨림으로
꿈을 안고 내달리고 있다

산줄기는 그르렁거리며
비좁은 바윗길 줄타기하듯
고단한 숨결로 기어오르고

아득한 초목들은
작은 생명줄 끌어안고
아우성이고

두 개의 판이 맞닿은 땅은
내려앉거나 솟아오르며
여전히 꿈틀대고 있다.

증도

드넓은 갯벌은 길게 누워
종일 삼켰던 불볕을
서서히 토해내고 있는데

모실길 모롱이에는
바지런한 시간이
잠시 쉬어 가고

싱싱한 파도는
밀어 속삭이며
풍요를 영접하고

노을빛은 잔물결 갈라
어둠을 마중하며
온 가슴 말갛게 물들어 가고

침묵 속은
귀를 열어
새 우주를 펼치고 있다.

안면도

선잠에 취해 있던
설렘이
출렁거리기 시작한다

덕바위는
머리 조아려
깊숙이 묵상에 잠겨 있고

지순한 사랑은
할미바위 할배바위로 남아
서로 바라만 보고 있고

저마다
골진 물결 사이로
추억의 홀씨 흩날리며
바다에 안긴다

숯불 위에선
굽히는 낭만이 빛깔 곱게 익어
건배의 손길과 어우러지고

탱탱해진 열정은
어느새 날갯짓으로 번져
감미로운 클래식 속으로 날아든다.

박덕은 作 [꽃잎들의 회의](파스텔화, 2012.12)

입석대

가슴속 타는 불꽃
토해내어

못생긴 건
너덜로 내려놓고

모진 비바람에
살은 에이어져
뼈만 남아

검버섯 얼굴에는
영겁의 이야기만
주렁 주렁.

돌탑

이부자리에서 잠자고 있던
꿈들이 하나둘 날아와

눈비 내리는 어둠 속에서도
오롯한 맨몸에 허식 하나 없이

좌정한 채 드리는
치열한 구도

소원 비는 마음자리에는
욕심 한 덩이 빼내며
눈물 속에 매달린
가난한 넋두리는 안아 주며

바람 타고 들려오는
희뿌연 사연에는
잔잔히 미소 지어 주며.

벼랑 끝 소나무

멍한
눈망울로

홀로
서 있는

시린
기다림

그 치열한 외로움
끌어안아

하늘 닿는 곳에서
그리움 태우고 있다.

철새들의 군무

긴 목에 낙조 두른 채
순수를 춤추다가

띠를 이루며
같은 눈높이로 흐르다가

다 내려 놓으며
높이높이 솟아오르다가

매끄러운 질감으로
아래로 아래로 날다가

엄청난 함성으로
풀어 놓다가

짙은 향수
열정으로 태워 가며

현란하게 휘감기듯
수묵화 그려내고 있다.

노을

겨드랑이에
황홀함 끼고 엎드리는
붉은 진주

긴 숨결로 파고들며
고향집 모퉁이에 묻은
은밀한 외사랑 더듬고 있다

열정의 속살에
새기고픈
그리움으로

아늑한 속삭임들
스르륵 스르륵 삼키며
한 줄 아쉬움 베어 물고서.

수석壽石

흔적으로 남은
억겁의 인연

굽이굽이
그리움으로 매달려
나풀댄다

모진 세월의 상흔
꿰매고 앉아 있는
열정 한 자락

섬세함 위에서
출렁이고 있다.

연방죽

여름 내내
진한 향에 취해
하얀 그리움 보듬고 있다가

수면 위에 맴도는
말 못하는 사랑
은물결 위에 풀어놓고

추억 들어올려
아프게 박힌 티눈들
삭여내며

스며드는 외로움
가을의 치마폭으로
따사로이 감싸고 있다.

백조

어둑한 하늘 아래
그리움이 서 있다

신음 소리
잦아지면

자드락 목숨 틀어쥐고
애타게 불러댄다

보고픔이
신기루처럼 떠오르면

하얀 날갯짓으로
구애춤 추다가

추억 속에 얼굴 묻고
고향으로 날아오른다.

호수

달무리 걸리면
촉촉하게 적셔오는 가슴에
수려한 그림을 그리다가

습한 얼룩들
은은한 미소로
산뜻하게 말리며

서툰 콧노래로
끈끈한 정
보내다가

보고픔 가득해지면
허접해지는 어깨에
메마른 추억들 싸안으며

몸부림으로
향기로운 시詩를
쓴다.

박덕은 作 [그리움이 자라는 곳](파스텔화, 2013.2)

태풍이 휩쓸고 간 자리

비닐하우스가
앙상한 갈비뼈만 드러내 놓고
찢겨진 누더기
바람에 날리며 엎디어 있다

"그 징한 놈이 또 온다는디
어쩌면 쓰것는가?"
"하늘이 말리는 걸 어쩌겠노
산 입에 거미줄 칠라든가."

가슴속 생채기 한숨으로 펴내며
상처투성이 하늘을 걷어 낸 뒤
목숨줄처럼 질긴 탯줄
다시 묶는다.

초봄 숲길

사각 사각
추억이 살아나고

졸졸 졸졸
그리움 흐르고

두두둑 두둑
설레임 두드리고

살랑 살랑
향기 번져 오고

사중주 되어
생기를 부르고.

봄바람

적시지 못하고 흘러내리는
선홍빛 설렘

아지랑이에 실어
보내고 나면

허리 굽어진
추억의 화선지에 번지며

오르내리는
선율

가슴속의 투박한 향수를
쓰다듬는다.

이 가을에

마음 맑혀

좋은 말 귀에 담고

흩어지는 새털구름 불러

오순도순 바람 엮어 가던

그 옛날이

그리워.

박덕은 作 [창문의 행복](파스텔화, 2013.3)

가을 시심詩心

안개 속을 헤매며
종일토록 밀어 속삭여도
아쉬움만 남는

쓸쓸함이 똬리 틀어
머리 곧추세울 때면
떨어지는 이파리 한 잎에도
눈물 글썽이는

하늘 멀리 떠가는
뭉게구름 붙잡고
멀리 가 버린 님에게
하늘거리는 소식 전하는

점점 잊혀져 가는
추억 더듬다가
떠오르는 그리움
부르고 또 부르는.

詩心

이호근

안개 속을 헤매며
종일토록 묶어 속삭여도
아쉬움만 남는

쓸쓸함이 똬리를 틀어
어디 곤두세울 때면
떨어지는 이파리 한 잎에도
눈물 글썽이는

하늘 멀리 떠가는
뭉게구름 붙잡고
멀리 가버린 님에게
하늘거리는 소식 전하는

점점 잊혀져 가는
추억 더듬다가
떠오르는 그리움
부르고 또 부르는

이런 날엔 가을 이호근

첫눈 · 1

못다 한
붉디붉은 정

마음 둘 곳 없어
떠돌더니

사무친 그리움에
홀로 타다가

님의 뜰에 찾아온
하얀 수줍음.

첫눈 · 2

선한 눈빛이
온몸을 감싸 안는다

욕심까지
하얗게 날고 있다

마음에 노래 심어 주는
천사의 시종이 되어

까마득히
잊고 있었던 사랑

그 한복판으로
파문을 일으키며 내달린다

아무도
몰래.

박덕은 作 [겨울숲의 낭만](파스텔화,2012.12)

겨울나무

눈이
발목을 덮어도
된바람
몰아쳐도

불평 한마디 없이
설화雪花 피우고
설풍雪風 쉬어 갈 자리
마련해 주는
너

꽁꽁 언 땅
온몸의 열정으로 달래며
주름이 늘수록
멋스러움 더해가는
너.

복수초

매콤한 겨울이 준
짙은 색 진한 향
온몸에 바르고

잔설 사이에서
살그머니 솟아난
싱그러운
추억 같은 여심

살짝
깨물어 주고픈
노오란 시심

연인의 품에 안겨
속삭이는
향긋한 미소.

매화

푸른 새벽 바람결 차가워도
아랑곳하지 않고
화사한 우주가 터진다

나의 겨울 기억들을
보듬고 흔들어대며
하얀 기쁨으로

지난 흔적을
고즈넉이 더듬으며
하늘빛 청아함으로

갈애의 그림자 뒤에서
목말라 하며
불꽃 같은 열정으로.

목련꽃

못다 이룬 사랑으로
고요히 피워 낸
우윳빛 그리움

못다 보인 가슴으로
애틋이 담아 묻은
자줏빛 외로움

안아 주고 싶지만
부서질까 봐
차마

만져 주고 싶지만
더러워질까 봐
차마.

연꽃 · 1

햇살 좋은 초여름
인고忍苦의 세월

추억으로 간직한 채
얼굴 내미는
하얀 기다림.

연꽃 · 2

잠자리의 희롱에
붉어진 얼굴

가슴이
두근두근

바람은
산들산들

어쩌나
어쩌나.

연꽃 · 3

새벽부터
미풍의 속삭임에
설레는 마음

세찬 소나기로
애써
식혀 놓았는데

이웃집 총각
사랑 고백에
가슴 터질 듯.

달맞이꽃

밀려오는 하얀 그리움
풍만한 여인의 가슴처럼
포근하게 감싸면

밤새 속삭이던 밀어
이슬 머금은 채
스르르 눈을 감는다.

제3장

인연이 나를 품는 순간에

박덕은 作 [노을 낀 바닷가](파스텔화, 2013.1)

조재환

- 하당 조재환 스승의 팔순 전시회를 축하하며

둘러앉은 붓끝
세워 주며 살아가는
선한 빛

길들여진
멍한 눈동자들
호령하는 야생마

바랜 붓길 피해
외길 걷는
오롯한 필력

아직도
꿈틀거리는 열정
가슴에 안고

사랑이 그리울 땐
한 가락 호남가로
보고픔 달래며

깊은 문기文氣 다듬어

화선지에 풀어내는

진한 묵향墨香.

박덕은

- 문학 스승 박덕은 박사님께 바치는 시

자존감 온몸에 두르고
거칠 것 없는 낭만으로
외로움 달래며

뼛속까지 파고든 그리움
늘푸른 시심으로
펴 올리며

선량한 눈빛들
벨벳처럼 부드럽게
꼭 껴안으며

엇박자 몸짓은
내면에서 터져 나오는
순수의 메아리로 바로잡으며

거친 음률은
매끄러운 생기 불러
다듬어 주며

가을처럼 섬세한 감성으로
그림 그리듯 살아가는
영원한 자유인

두터운 영혼 훌훌 벗고
향긋한 노래 부르며
사랑의 성지 향해 걸어가고 있다.

화가 오동섭

활화산 같은 영혼이
벽면을 박차고 나올 듯한
좁은 화실

하얗게 센
머리카락이
백호를 닮아가고

등 굽은 세월 속에
붓질 소리만
사악 사악

허공 휘젓고 달려온
눈빛 떨궈도
무거운 숨결 짙어가도

시린 가슴 한구석엔
야생화 향기 한줌 움켜쥐고
채색하고 또 채색하고.

똑순이 여동생

마네킹처럼
외로움 내리지 못하고
아플 수도 울 수도 없는

여유 하나도
사치로 치부하고
그래서 더욱 순수한 색감으로
채색되어 가는

옆자리의 행복 돌아다볼 틈도 없이
홀로 서기에
잔주름 늘어나지만
오롯한 자식 사랑에
밝은 빛 찾아가는

빈자리
휑한 쓸쓸함 이겨내고
거친 파도 홀로 받으며
치열히 살아가는.

박덕은 作 [사랑 주머니](파스텔화, 2013.2)

이웃 부부

님의 뜨락엔
날마다 풍성한 안개꽃이
자리하고 있으니
무슨 조화일까요

누구라도 망설이던
휑한 공간에
사랑 가꿔 피워 올리니
무슨 조화일까요

툭툭 튀어나오는
엇박자조차도 자락자락
다정함으로 쌓이니
무슨 조화일까요

솔직함 배어나는 미소에선
여유로움이
하얗게 날아오르니
무슨 조화일까요

만나는 인연마다
화사한 향기
한아름씩 안겨 주니
무슨 조화일까요.

박덕은 作 [뜨락의 속삭임](파스텔화, 2012.12)

손녀딸 정워니

할뻬~
배꼽 인사에 뽀뽀하며
달려와 꼬옥 안기는
행복 송이

초록 빛깔 정원에
다보록이 피어난
한 떨기 그리움

똘똘한 눈망울은
신기루 타고 내려온
천상의 푸른 호수

아쉬울 땐
온몸 비비꼬며
꼬막손 내미는
애교덩이

마음에 안 들면
뽀로통 입술 내밀고

딴청 부리는
새침데기

까르르 웃을 땐
우주의 귀여움 다 모여 영근
하늘 요정.

노년 부부

몰려오는 미운 정
굴뚝 연기로
날려 보내고

추억 더듬어
맑은 향기
불러모으며

한 자락
고운 정
처마 끝에 매달고서

타들어가는 세월
만지작거리며
눈만 껌벅껌벅.

노숙자

이제는
기댈 울타리마저
허물어진

쓰린 생채기 삼키며
새우등에 가는 숨결
걸어 매는

눈 부라리다
차디찬 누더기로
냉소하는

가물거리는 추억 더듬다
야윈 팔에 누이고
잠을 청하는.

잉꼬부부

천상의 정원에
잘 어울리는
한 쌍의 연리지

두 바램을
나란히 겹쳐
오래된 질항아리처럼

초라한 인연까지
꼬옥
끌어안고

어떤 어려움도
어떤 외로움도
다 녹여 버리고

한 번도
상처받지 않은 새처럼
해맑게 빛나고 있다.

이웃집 모녀

등뒤에서
엄마를 두 손으로
꼬옥 껴안은 모습이
마치 연리지를 닮았다

엄마는
그리운 밥내음을
스무살 딸은
애교스런 희망을
건넨다

아직도 이어진 탯줄에
맞닿은 생명이
흐르는가.

박덕은 作 [행복 바구니](파스텔화, 2013.1)

동창 모임

반백은 설렘과 한데 어우러져
바래고 해진 아득한 시간을 불러모아
철없던 때의 대화들을 태우고 있다

잘 숙성된 옛정들이
하얗게 뒤덮여갈 때
깊어갈수록 풍성한 울림이 강하게
짜르르 짜르르
온몸에 내리깔린다

짙푸른 마음숲에서
꽃보다 아름다운 정
스르르 스르륵 스며온다.

박덕은 作 [시심의 한복판](파스텔화, 2013.2)

위안부 할머니

머나먼 하늘 아래서
밤마다 그리며 그리며
하늘나리 땅나리

찬 서리 내리는 아침에
한 잎 두 잎 떨어져 가며
하늘나리 땅나리

한寒뎃잠 눈에 밟혀
검붉은 어혈로 남아
하늘나리 땅나리

지친 육신 짓밟혀
검은 생채기로 뒹굴며
하늘나리 땅나리

사위어 가는 회색 꿈
희미해져 가는 추억 붙잡으며
하늘나리 땅나리

곱게 영근 빛방울 주워 담아
이제는 뜨겁게 데워
하늘나리 땅나리.

박덕은 作 [시심의 벤치](파스텔화, 2013.2)

부모 마음

자식새끼들 가슴 타는 내음
가장 먼저 맡고
안쓰러운 눈빛 보내건만

열려진 대문 사이로
휑한 바람만 들고 난다

생채기는 자꾸만 찾아와
피멍 색깔로 번지고 있는데

허기진 눈길로
달빛 아래 떠가는 구름 위에
살며시 그리움 얹어 본다.

박덕은 作 [해바라기의 그리움](파스텔화, 2012.12)

치매 노인

가끔
연분홍 사연
설렘으로 불러내어
홍얼대다가

창밖 솔잎에 쌓인
멀건 추억
꺼억 꺼억
게워 내며

환청 끝
아스라한 심연 위에
앙상한 허상의 슬픔 올려놓고
허우적대고 있다.

박덕은 作 [여행의 행복](파스텔화, 2013.2)

엇박자

붉은 카펫 위로 수줍게 내디디던
새하얀 아름다움은 어디에 있을까

서로 길들이려 하니
가슴엔 모진 바람이 휘몰아쳐

세찬 말 한마디에
마음속엔 서리가 쌓여

작은 가슴 넓혀 보지만 안을 수 없어
눅눅한 외로움 안고 뒹군다

왜 그렇게 꼬집고만 사는지
다른 인연들에게 하듯
그냥 낭만 한 가닥 불러오면 좋으련만

정원에 잡초 뽑고 꽃 가꾸듯
미운 정 덜어 내고 고운 정 쌓아 가며
그냥 싱긋이 웃어 주면 좋으련만.

히말라야 넘는 티벳 아이들

엄마는
'너무 사랑해서 보내는 거야'
눈물자위조차 지우지 못한 채
안쓰러운 꼬막손을 품에서 떼어 낸다

열 살배기 아이는 글썽이며
'엄마 꼭 와야 해'
생사조차 알 수 없는 세계 향해
걸어간다

휘번득이는 눈초리 피해
휘몰아치는 칼바람 온몸으로 받으며
어둠 속 천길 빙벽 더듬어
희망 찾아간다

불안이 엄습해 올 때마다
뜨거운 숨 몰아쉬다가
여린 뼛속까지 냉기 스며들면
주저앉아 만년설 틈바구니에 파묻힌다
그리운 얼굴들 그리며 그리며.

무국적자

낯선 하늘 벼랑 끝에서
눈자위 휑한
가쁜 숨 몰아쉬고 있는

꿈은
안개 속을 헤매고

향수마저
지독한 열병에 일렁거려

애오라지 새끼에게만은
조국을 주고파

까맣게 탄 가슴
옭매고 있는.

박덕은 作 [겨울나무의 꽃](파스텔화, 2012.12)

다비식

톡탁 톡탁
불꽃 튀는 소리

맑고 향기로운 법음 되어
귓가에 맴돌다

냉한 영혼 덥혀 주고는
연기 타고 날아가고

무소유로
풀어놓은 말빛마저 거두어

한줌 재로
남는다.

박덕은 作 [사랑의 색깔](파스텔화, 2013.1)

오늘의 詩選集 제9권

바람이 열어 놓은 꽃잎
문재규 지음 / 220면

오늘의 詩選集 제10권

단 한 번 사랑으로도
이호근 지음 / 176면

개별 작품집

고목나무에 꽃이 핀 사연
김영순 시집

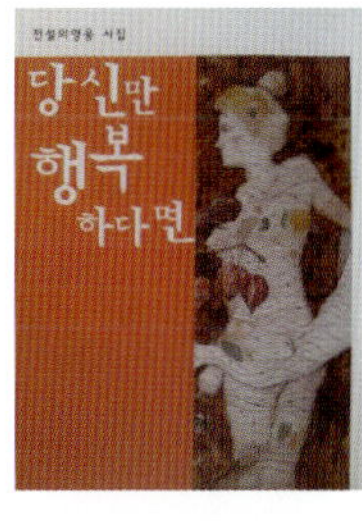

당신만 행복하다면
박봉은 제1시집

시가 영화를 만나다
장헌권 시집

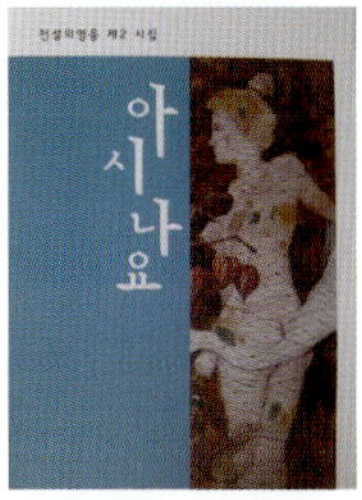

아시나요
박봉은 제2시집

하얀 속울음까지 들켜 버렸잖아
김성순 시집

당신에게.하나
박봉은 제3시집

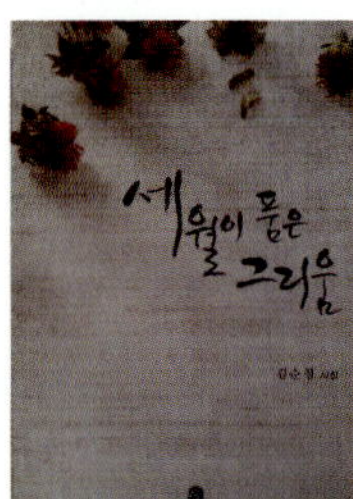

세월이 품은 그리움
김순정 시집

사색은 강물 따라
권자현 시집

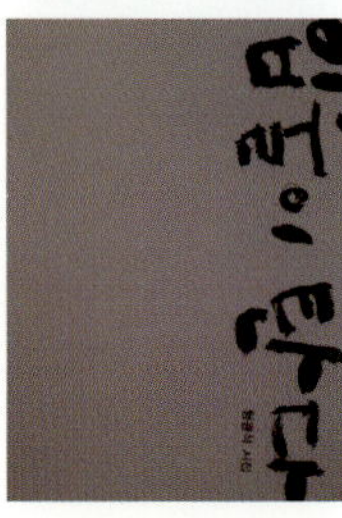

입술이 탄다
형광석 시집

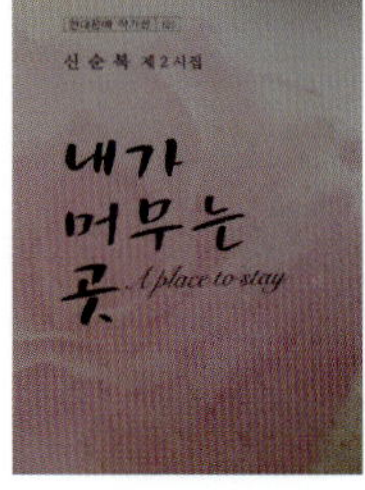

내가 머무는 곳
신순복 시집

바람벽
김태환 소설